Index

Disclaimer

The author can not be held responsible, neither directly nor indirectly, of any situation resulting from the use of this book. In fact, in this Disclaimer, it specifies that the reader, first to do any business transaction about, must do, for his/her own good, more extensive checks on the value of the object.

About the value of the object,it is important specify that the price of a camera, is a weighted indication, because the price can vary greatly depending on the real condition of the camera.

It is not possible to assign an exact-personalized price of a camera, considering that it can be equipped of many accessories too.

Introduction

This book stems from the need of many people who want to know the market valuation of a specific camera.

The cameras, produced over a century and a half, are countless and they are of particular interest for the collector, photographer amateur, the antique dealer and photographic equipment retailer .
We have screened hundreds of thousands price quotes from Italy (mainly), but also from the European Union and United States of America.

The prices, found on this book, are an average of the most reliable.

About the value, the possible oscillation price should not deviate much, if the camera has had the correct standard conservation.

It is important to point out that the prices, in this book, refer only to a undamaged working camera, in good condition, equipped with standard optics that is supplied togheter the camera, during the period of production of the equipment.

A undamaged working camera, in good condition, means all accessories work, that is:
-the shutter works.
-the diaphragm works.
-the metering system and drive system film (if the equipment have supplied) work.

The optics must not have abrasions or imperfections.

Obviously, it is not intended that the camera is new, but that, given the age it has, work and all the accessories are not too deteriorated.

The index of this book is ordered alphabetically for the name of manufacturer/brand.

It may happen that you find the name of a person rather than a brand, because, in the ancient times, some productions were done by artisans.

You may also find some names put with others, due to mergers between companies.

For each manufacturer/brand, we have created a table, accessible directly from the index, where the first column shows the name of the company or artisan, in the second column there is the year of the price and in the third column there is the value as a piece collection in euro.

If you find reported only one date means that the price refers to the year of production, if you find two dates it refers to the period of production.

If the year is not mentioned means it looks from our investigations it is not influential and important on the estimate price.

If appears * near the year, it means it is inferred, but not sure.

Agfa

Producer - model	Year	€
Agfa Agfamatic 100 Sensor	1970	40
Agfa Agfamatic 126	----	32
Agfa Agfamatic 200 Sensor	----	32
Agfa Agfamatic 50	1972	40
Agfa Agfamatic 508 Pocket	----	40
Agfa Ambiflex I	1959	90
Agfa Ambiflex II	1960	120
Agfa Ambiflex III	1962	130
Agfa Billy Clack	----	45
Agfa Ansco	----	50
Agfa Bilinar Enamel	----	60
Agfa Clipper PD16	1930	60
Agfa Isola	----	28
Agfa Isolette II	----	80
Agfa Isolette Rangefinder	----	100
Agfa Isoly I	1961	29
Agfa Isopack 126	----	40
Agfa IsoRapid	----	28
Agfa JGenar	1953	280
Agfa JSolette	----	60
Agfa Karat IV	----	220

Producer - model	Year	€
Agfa Karat 36	----	220
Agfa Movex Automatic II	1963	40
Agfa Optima 1035 Sensor	----	80
Agfa Optima 1535 Rangefinder	----	120
Agfa Optima 200	----	28
Agfa Optima 500 Sensor	1969	40
Agfa Optima II	----	45
Agfa Optima Rapid 250 V	1966	50
Agfa Optima Reflex	----	200
Agfa Parat I	----	48
Agfa Reflex	1961	150
Agfa Selectaflex I	1963	90
Agfa Selectaflex II	1963	110
Agfa Selectra Prontor matic p	----	40
Agfa Selectronic 1	1980	70
Agfa Selectronic 2	1980	110
Agfa Selectronic 3	1980	140
Agfa Silette F	1966	60
Agfa Silette L	----	40
Agfa Silette L type 2	1958	40
Agfa Trophy	1944	55
Agfa X 126	----	35

Agilux

Producer - model	Year	€
Agilux Agiflash	----	45
Agilux Agifold	----	90
Agilux Agifold II	----	140
Agilux Agimatic	----	128
Agilux Colt 44	----	45

Aires

Producer - model	Year	€
Aires 35 III	1956	80
Aires 35 III C	----	45
Aires 35 III L	----	80
Airesflex II	----	70
Aires Penta 35	1960	70
Aires Viscount	----	45

Alba

Producer - model	Year	€
Alba Regno	1900 *	200

Albinar

Producer - model	Year	€
Albinar Ms-2 Black	----	55

Alpa

Producer - model	Year	€
Alpa 10 D	1968	800
Alpa 10 D gold	1968	2.000
Alpa 10 S	1972	1.400
Alpa 11 E	1970	2.900
Alpa 11 SI	1976	500
Alpa 11E black	1970	1.000
Alpa 11EL	1972	1.200
Alpa 11SI	1976	2.000
Alpa 4	1952	900
Alpa 5	1952	850
Alpa 6	1957	600
Alpa 6 C	1956	600
Alpa 7	1952	400
Alpa 7 S	1958	390
Alpa 8 B	1965	650
Alpa 9 D	1968	650

Producer - model	Year	€
Alpa 9 F	1965	1.200
Alpa Bolca I	1942	1.500
Alpa I Reflex	1944	1.800
Alpa II Reflex	1945	600
Alpa III Reflex	1949	1.400
Alpa SI 2000	1977	300
Alpa SI 2000	1978	90
Alpa SI 3000	1980	250
Alpa SI 3000 S	1982	290

Altissa

Producer - model	Year	€
Altissa box	----	40
Altissa Altissar Periskop	----	45
Altissa Altix IV	----	90
Altissa Altix V	----	150
Altissa Altix V orange	----	180

Argus

Producer - model	Year	€
Argus 260 Automatic	----	20
Argus 40	----	20
Argus 520	----	20
Argus 75	----	28
Argus A2b	----	22
Argus A-5	----	20
Argus A-Four	----	25
Argus Argoflex Seventy-Five	----	20
Argus Autronic 35	----	40
Argus Autronic I	----	20
Argus Autronic II	----	25
Argus C-2	----	25
Argus C3	1950	40
Argus C4	1950	45
Argus Forty	----	22
Argus Instant Load 270	----	20
Argus Srl	1962	50
Argus Stl 1000 black	----	18

Asahai Pentax

Producer - model	Year	€
Asahi P Spotmatic	1964	120
Asahi Pentax	1957	350
Asahi Pentax 645	1984	400
Asahi Pentax 645 N	1998	290
Asahi Pentax 645 N II	1998	320
Asahi Pentax 67	1990	150
Asahi Pentax 67 II	1998	1.200
Asahi Pentax 6X7	1969	380
Asahi Pentax A3	1985	30
Asahi Pentax ES	1972	150
Asahi Pentax ES II	1973	120
Asahi Pentax ES II MD	1975	210
Asahi Pentax IST	2003	60
Asahi Pentax K	1958	140
Asahi Pentax K, nera	1958	350
Asahi Pentax K1000	1977	100
Asahi Pentax K1000 Anniversary	1994	290
Asahi Pentax K2	1975	70

Producer - model	Year	€
Asahi Pentax K2 DMD	1976	240
Asahi Pentax K2, black	1975	210
Asahi Pentax KM	1975	130
Asahi Pentax KM, MD	1975	220
Asahi Pentax KX	1975	70
Asahi Pentax KX MD	1975	360
Asahi Pentax LX	1980	350
Asahi Pentax LX gold	1980	2.800
Asahi Pentax ME	1976	50
Asahi Pentax ME Super	1980	110
Asahi Pentax ME-F	1981	140
Asahi Pentax MG	1982	40
Asahi Pentax MV	1980	40
Asahi Pentax MV-1	1980	50
Asahi Pentax MX	1976	200
Asahi Pentax MZ-10	1996	40
Asahi Pentax MZ-3	1997	80
Asahi Pentax MZ-30	2000	40
Asahi Pentax MZ-5	1996	40
Asahi Pentax MZ-50	1997	40
Asahi Pentax MZ-5N	1996	40
Asahi Pentax MZ-6	2001	60

Producer - model	Year	€
Asahi Pentax MZ-60	2001	40
Asahi Pentax MZ-7	1999	30
Asahi Pentax MZ-M	1997	40
Asahi Pentax MZ-S	2001	180
Asahi Pentax P30	1985	40
Asahi Pentax P30N	1989	30
Asahi Pentax P30T	1991	30
Asahi Pentax P50	1986	40
Asahi Pentax Program A	1984	30
Asahi Pentax S	1957	90
Asahi Pentax S1A	1963	50
Asahi Pentax S3	1961	50
Asahi Pentax SF7	1988	40
Asahi Pentax SFX	1987	30
Asahi Pentax SFX N	1988	30
Asahi Pentax SL	1968	110
Asahi Pentax SP 1000	1973	80
Asahi Pentax SP 500	1971	60
Asahi Pentax SP II	1971	100
Asahi Pentax SPF	1973	150
Asahi Pentax Spotmatic F	1973	190
Asahi Pentax Spotmatic F MD	1973	280

Producer - model	Year	€
Asahi Pentax Spotmatic F, black	1973	220
Asahi Pentax Spotmatic II	1971	100
Asahi Pentax Spotmatic II MD	1971	280
Asahi Pentax Spotmatic MD	1964	300
Asahi Pentax Spotmatic SP	1964	150
Asahi Pentax Super A	1983	50
Asahi Pentax SV	1962	110
Asahi Pentax SV, black	1962	100
Asahi Pentax Z-1	1992	160
Asahi Pentax Z-10	1991	30
Asahi Pentax Z-1P	1994	200
Asahi Pentax Z-20	1992	30
Asahi Pentax Z-50P	1993	30
Asahi Pentax Z-70, Z-70P	1994	30
Asahi Pentax, black	1957	1.800
Asahiflex I	1952	500
Asahiflex I a	1953	220
Asahiflex II a	1955	290
Asahiflex II b	1954	350

Baby

Producer - model	Year	€
Baby 4X4, gray	1957	200
Baby 4X4, original	1931	500

Balda

Producer - model	Year	€
Balda Balda-Matic Ii	----	40
Balda Baldessa Ib	----	40
Balda Baldessamat-Rf	----	28
Balda Baldina	1954	40
Balda Baldinette	----	60
Balda Baldix	----	80
Baby Jubilette	----	80
Balda Microscope Camera	----	60
Balda Springbox	1933	110

Balola

Producer - model	Year	€
Balola Fold	----	50

Beauty

Producer - model	Year	€
Beauty Lite III	----	55
Beauty LM	----	40

Beier

Producer - model	Year	€
Beier Beier-Flex	----	500
Beier Beirette Vsn	----	80

Bell&Howell

Producer - model	Year	€
Bell & Howell Auto 35	1969	40
Bell & Howell Focus Free Promotional Camera	----	32
Bell & Howell Foton	----	160
Bell & Howell Tdc Stereo Colorist	----	95

Bencini

Producer - model	Year	€
Bencini	*1939-1949	40
Bencini Argo	1970-1971	30
Bencini Bencini	1978-1979	30
Bencini Bencini	1972-1979	18
Bencini Comet 335 Bluestar	1963-1973	22
Bencini Bencini Comet 35	1962-1972	22
Bencini Bencini Comet 4	1985-1989	60
Bencini Bencini Comet II	1979-1984	15
Bencini Bencini Comet Rapid	1969-1971	22
Bencini Bencini Koroll 24	1979-1984	30
Bencini Comet	1973-1978	30
Bencini Comet 100	1975-1985	25
Bencini Comet 118s	*1937-1939	35
Bencini Comet 126x	1984-1989	40
Bencini Comet 126xl	1953-1955	45
Bencini Comet 200	1979-1989	25
Bencini Comet 200x	1976-1979	40
Bencini Comet 218	1975-1979	45
Bencini Comet 218s	1976-1979	45
Bencini Comet 226xl	1972-1975	25
Bencini Comet 3	1973-1985	25

Producer - model	Year	€
Bencini Comet 318	1978-1989	25
Bencini Comet 318s	----	40
Bencini Comet 326xl	1966-1971	40
Bencini Comet 335	1981-1989	40
Bencini Comet 335 Bluestar	----	90
Bencini Comet 35	1979-1984	80
Bencini Comet 36	1959-1973	40
Bencini Comet 4	1963-1973	40
Bencini Comet 400	*1937 1939	35
Bencini Comet 404	1974-1979	40
Bencini Comet 404x	*1945-1952	90
Bencini Comet 418	1961-1970	40
Bencini Comet 418s	1979-1984	40
Bencini Comet 435 Electronic	1971-1977	40
Bencini Comet 44	1957-1960	30
Bencini Comet 455x	1948-1955	45
Bencini Comet 455xl	1965-1972	60
Bencini Comet 505x	1974-1979	40
Bencini Comet 535	1963-1972	150
Bencini Comet 555x	1955-1970	40
Bencini Comet 600xl	1955-1959	80
Bencini Comet 635	1958-1960	120

Producer - model	Year	€
Bencini Comet 800xl	*1937-1939	80
Bencini Comet II	1985-1989	65
Bencini Comet II Sincro	1955-1963	40
Bencini Comet III	1960-1962	30
Bencini Comet K 35	1969-1972	60
Bencini Comet Nk 135	1970-1971	30
Bencini Comet Nk 135 Electronic	1976-1979	40
Bencini Comet Nuova	1963-1973	20
Bencini Comet Rapid	1965-1972	60
Bencini Comet S	1980-1989	40
Bencini Cometa	1956-1969	45
Bencini Deko	1946-1951	85
Bencini Delta	1980-1989	40
Bencini Erno	*1945-1947	90
Bencini Etna	*1963-1973	40
Bencini Gabry	*1940-1957	60
Bencini Koroll	1979-1984	40
Bencini Koroll 2	1951-1955	40
Bencini Koroll 2	1972-1975	20
Bencini Koroll 24	1976-1979	50
Bencini Koroll 24s	1969-1970	30

Producer - model	Year	€
Bencini Koroll 35	1959-1960	75
Bencini Koroll Marine	1979-1984	40
Bencini Koroll S	1951-1955	75
Bencini Korollette	1979-1984	40
Bencini Personal 35	1970-1977	40
Bencini Personal Reporter	1979-1984	40
Bencini Relex	1979-1984	40
Bencini Relex II	*1940-1942	75
Bencini Relex S	1955-1974	40
Bencini Robi	1975-1979	40
Bencini Roby	1979-1984	40
Bencini Rolet	1979-1984	30
Bencini Unimatic 600	1970-1971	100
Bencini Unimatic 800	1966-1971	40
Bencini Unimatic 808	1970-1971	40

Berning

Producer - model	Year	€
Berning Robot Recorder 24	----	190

Blair

Producer - model	Year	€
Blair No. 3a Folding Hawk-Eye Model A	----	95

Bolsey

Producer - model	Year	€
Bolsey 35 Model B	----	40
Bolsey B2	----	70

Bower

Producer - model	Year	€
Bower Bower-X	----	55

Braun

Producer - model	Year	€
Braun Paxette Panto	----	60

Burke&James

Producer - model	Year	€
Burke & James B & J Press	----	200
Burke & James Watson	----	150

Calumet

Producer - model	Year	€
Calumet 4x5 Monorail View Camera	----	200

Calypso

Producer - model	Year	€
CalypsoPhot	1960	450

Canon

Producer - model	Year	€
Canon 7	1963	1.500
Canon 7 black	1961	900
Canon 7S	1965	800
Canon 7S black	1965	300
Canon A-1	1978	110

Producer - model	Year	€
Canon AE-1	1976	90
Canon AE-1 Program	1981	140
Canon AE-1 Program, black	1981	210
Canon AF 35ML	----	40
Canon AL 1	1982	70
Canon AL-1 black	1982	90
Canon AT 1	1977	70
Canon AT-1, black	1977	90
Canon Autoboy Jet	----	70
Canon AV-1	1979	60
Canon EF	1974	120
Canon EF-M	1991	90
Canon EOS 1	1989	150
Canon EOS 1 N	1994	200
Canon EOS 1 N RS	1999	400
Canon EOS 1 V	----	400
Canon EOS 10	1990	160
Canon EOS 100	1991	90
Canon EOS 1000	1990	70
Canon EOS 1000 F	1991	70
Canon EOS 1000 FN	1992	80
Canon EOS 1000 N	1992	80

Producer - model	Year	€
Canon EOS 3	1998	340
Canon EOS 30	2000	60
Canon EOS 30 date	2000	140
Canon EOS 30 V	2004	50
Canon EOS 300	1999	80
Canon EOS 300 V	2002	60
Canon EOS 3000	1999	80
Canon EOS 3000 V	2003	40
Canon EOS 3000N	2001	30
Canon EOS 300X	2004	60
Canon EOS 33	2000	60
Canon EOS 33 V	2000	150
Canon EOS 5	1992	280
Canon EOS 50	1995	100
Canon EOS 50 E	1995	100
Canon EOS 500	1993	100
Canon EOS 500 N	1996	70
Canon EOS 5000	1995	70
Canon EOS 50E	1995	40
Canon EOS 55 (back data)	2001	130
Canon EOS 600	1989	80
Canon EOS 620	1987	70

Producer - model	Year	€
Canon EOS 630	2001	80
Canon EOS 650	1987	90
Canon EOS 650	1987	170
Canon EOS 700	1990	50
Canon EOS 750	1988	50
Canon EOS 850	1988	50
Canon EOS IX (Aps)	1996	110
Canon EOS IX-7 (Aps)	1998	50
Canon EOS RT	1989	120
Canon EX-EE	1968	110
Canon EXEE QL	1968	90
Canon F1	1971	200
Canon F1 (n)	1976	350
Canon F1 (n) Olympics	1980	450
Canon F1 High Speed	1971	2.300
Canon F1 New	1981	280
Canon F1 New AE	1981	350
Canon FP	1964	90
Canon FT	1966	60
Canon FT QL	1966	120
Canon FTb	1971	80
Canon FTb (n) QL	1974	50

Producer - model	Year	€
Canon FTb QL	1971	20
Canon FX	1964	70
Canon Hansa	1937	7.000
Canon Hansa NK	1936	10.000
Canon II b	1952	1.000
Canon III	1951	200
Canon IV	1951	390
Canon IV Sb	1952	120
Canon IV Sb2	1952	550
Canon Ivsb	----	250
Canon J	1939	5.000
Canon J II	1946	3.000
Canon JS	1939	5.000
Canon L1	1956	1.800
Canon NS	1939	3.000
Canon Pellix	1963	60
Canon Pellix QL	1965	120
Canon S	1939	2.500
Canon S-II	1947	400
Canon T 50	1983	40
Canon T 60	1990	50
Canon T 70	1984	80

Producer - model	Year	€
Canon T 80	1985	60
Canon T 90	1986	120
Canon TLb QL	1973	30
Canon VI-L	1958	550
Canon VT	1956	280
Canonex	1963	100
Canonflex	1959	140
Canonflex R 2000	1960	150
Canonflex RM	1962	130
Canonflex RM black	1962	600

Carena

Producer - model	Year	€
Carena Computer E	1975	50
Carena K-SM1	1979	50
Carena RSD	1977	30
Carena SEL 2	1976	30
Carena SLF 2	1977	40
Carena SLR 1000	1976	30
Carena SRH 1001	1977	30

Certo

Producer - model	Year	€
Certo Certonet 0	----	40
Certo Super Dolina Ii	----	80

Chinon

Producer - model	Year	€
Chinon 35F-EE	----	60
Chinon CA 4	1980	30
Chinon CE 2	1976	40
Chinon CE 3 Memotron	1978	50
Chinon CE 4	1979	30
Chinon CE 4s	1981	30
Chinon CE 5	1983	50
Chinon CE II Memotron	1976	60
Chinon CE Memotron	1974	60
Chinon CE-4 Memotron	1979	60
Chinon CE-4s	1981	60
Chinon CE-5	1982	50
Chinon CG-5	1982	60
Chinon CM 3	1979	40
Chinon CM 4	1980	30

Producer - model	Year	€
Chinon CM 5	1982	40
Chinon CM 7	1987	50
Chinon CM-3	1978	50
Chinon CM-4s	1981	50
Chinon CM-7	1987	60
Chinon CP 5	1983	50
Chinon CP 6	1985	50
Chinon CP 9 AF	1988	50
Chinon CP X	1985	60
Chinon CP-5	1984	70
Chinon CP-6	1985	70
Chinon CP-7	1986	60
Chinon CP-9 AF	1988	70
Chinon Cp-9af Black	----	60
Chinon CX	1975	30
Chinon Genesis	1988	50
Chinon Genesis II	1989	50
Chinon Genesis III	1990	60
Chinon Genesis IV	1992	80
Chinon M1	1973	50
Chinonflex	1966	60

Cimko

Producer - model	Year	€
Cimko LS-1	1976	30

Ciro

Producer - model	Year	€
Ciro Ciro-Flex Model E	----	80

Condor

Producer - model	Year	€
Condor	1957	400
Condor I	1947	180
Condor II	1953	300

Conley

Producer - model	Year	€
Conley 5x7 Revolving	----	280

Contax

Producer - model	Year	€
Contaflex	1935	1.400
Contaflex I	1953	130
Contaflex II	1954	60
Contaflex III, IV	1957	160
Contaflex Super	1959	70
Contaflex Super	1962	60
Contaflex Super BC	1967	190
Contarex (Cyclops)	1960	500
Contarex (Cyclops), black	1960	2.000
Contarex Hologon	1964	2.500
Contarex Professional	1967	1.000
Contarex SE, chrome	1970	1.000
Contarex SE, black	1970	1.000
Contarex Special	1960	800
Contarex Super	1968	400
Contarex Super B	1962	130
Contarex Super, black	1968	1.400
Contax 137 MA	1983	150
Contax 137 MD	1980	150
Contax 139 Quartz	1979	110
Contax 159 MM	1984	190

Producer - model	Year	€
Contax 167 MT	1987	120
Contax 645	1999	1.100
Contax 645 AF	1999	1.400
Contax Aria	1998	200
Contax AX	1996	450
Contax D	1953	150
Contax E	1955	120
Contax F	1957	90
Contax FB	1956	90
Contax FM	1957	100
Contax G1	1994	200
Contax G2	1996	350
Contax I a, 540/24	1932	1.200
Contax I b	1933	600
Contax I c	1934	550
Contax I d	1935	750
Contax I e	1935	750
Contax I f	1935	550
Contax II	1945	3.500
Contax II	1936	550
Contax II a	1954	240

Producer - model	Year	€
Contax III	1936	220
Contax III a	1951	240
Contax N1	2000	300
Contax NX	2002	200
Contax RTS	1975	150
Contax RTS II	1982	130
Contax RTS II Quartz	1982	190
Contax RTS III	1990	600
Contax RTS oro	1981	1.200
Contax RX	1995	290
Contax S	1949	280
Contax S 2	1992	400
Contax ST	1992	400
Contax T2	1990	200
Contax T2 nera	1990	400
Contax T2 oro	1990	250
Contax T2 oro (anniversary)	1990	400

Contessa-Nettel

Producer - model	Year	€
Contessa-Nettel Cocarette	----	55

Cornu

Producer - model	Year	€
Cornu Reyna Cross III	----	80

Cosina

Producer - model	Year	€
Cosina 4000S	1976	40
Cosina C1/C1s	1992	40
Cosina C2	1993	40
Cosina CS-1	1979	70
Cosina CS-2	1979	70
Cosina CS-3	1979	80
Cosina CSL	1978	50
Cosina CT 1	1980	30
Cosina CT 1 Super	1983	40
Cosina CT 10	1979	50

Producer - model	Year	€
Cosina CT 1A	1980	40
Cosina CT 2	1979	40
Cosina CT 20	1980	40
Cosina CT 3	1980	40
Cosina CT 4	1979	30
Cosina CT 7	1980	50
Cosina CT 9	1986	40
Cosina CT 90F	1988	40
Cosina CT-1 G	1983	40
Cosina CT-1 Super	1983	40
Cosina E1 Solar	1994	80
Cosina Hi Lite	1971	40
Cosina Hi Lite 405	1976	40
Cosina Hi-Lite DLR	1975	40
Cosina Hi-Lite EC	1973	40
Cosina Hi-Lite ECS	1975	40

Crystar

Producer - model	Year	€
Crystar Sunscope	----	85
Crystar Sunscope 35	----	100

Dacora

Producer - model	Year	€
Dacora	*1940-1945	290
Dacora Dignette	1955	40

Demaria

Producer - model	Year	€
Demaria Monte-Carlo	----	60

Ducati

Producer - model	Year	€
Ducati Sogno I	1938	1.100
Ducati Sogno II	1950	340

Duflex

Producer - model	Year	€
Duflex	1949	4.000

Durst

Producer - model	Year	€
Durst 66	1966	90

Ears

Producer - model	Year	€
Ears Ksx Black	----	45

Edixa

Producer - model	Year	€
Edixa Electronica	1962	110
Edixa Electronica	1970	290
Edixa II-L	----	60
Edixa Mat B	1958	100
Edixa Mat C	1958	120
Edixa Mat D	1961	130
Edixa Mat Reflex	1970	90
Edixa Prismaflex LTL	1968	110
Edixa Prismat LTL	1969	100
Edixa Reflex	1954	90

Producer - model	Year	€
Edixa Reflex A	1956	100
Edixa Reflex B	1957	100
Edixa T1000	1976	40
Edixa T500	1976	40

Effebi

Producer - model	Year	€
Effebi	1950	2.000

Ektra

Producer - model	Year	€
Ektra	1941	800

Ensign

Producer - model	Year	€
Ensign E29	1929	80
Ensign Selfix 320	----	55

Ernamann

Producer - model	Year	€
Ernemann Ernoflex Model I	----	420
Ernemann Rolf I	----	40

Exakta

Producer - model	Year	€
Exa	1951	120
Exa 500	1967	50
Exa I	1962	70
Exa I A	1964	40
Exa I B	1977	80
Exa II	1962	220
Exakta EDX 2	1977	40
Exakta EDX 3	1978	50
Exakta Exa 1a	1965	40
Exakta FE 2000	1977	40
Exakta HS 10	1983	40
Exakta HS 40	1988	40
Exakta I Kine	1936-1937	1.280
Exakta II	1949	220

Producer - model	Year	€
Exakta Kine Exakta 1	1936	130
Exakta Kine Exakta II	1949	150
Exakta Real	1966	1.200
Exakta Real, nera	1966	3.000
Exakta RTL 1000	1970	90
Exakta TL 1000	1976	40
Exakta TL 500	1976	40
Exakta Twin TL	1973	80
Exakta Varex	1950	150
Exakta Varex II a	1957	190
Exakta Varex II b	1957	100
Exakta VX 1000	1967	130
Exakta VX 1000 (Varex)	1967	30
Exakta VX 500	1969	40
Exakta VX 500 (Varex)	1969	40

Farkasa-Nettel

Producer - model	Year	€
Farkasa Nettel	1900 *	2.800

Fed

Producer - model	Year	€
Fed 1	1934	600
Fed 1	1946	90
Fed 2, serie	1955	70
Fed 2, Type D F150	----	85
Fed 3, series	1961	40
Fed 4, series	1964	30
Fed 5, black	----	85
Fed 5, series	1977	30

Ferrania

Producer - model	Year	€
Ferrania 3M 3025	----	45
Ferrania 3M Eura	----	60
Ferrania Alfa	----	75
Ferrania Condor I	----	160
Ferrania Condoretta	1946-1952	60
Ferrania Elioflex	1958	100
Ferrania Eta	1949	60
Ferrania Euralux 34	----	60

Producer - model	Year	€
Ferrania Euramatica	1964	28
Ferrania Eurarapid	----	40
Ferrania Galileo	----	60
Ferrania Ibis	1955	60
Ferrania Ibis 44	----	34
Ferrania Lince	----	60
Ferrania Lince 3	----	70
Ferrania Lince 3S	----	90
Ferrania Rondine	1948	40
Ferrania Solaris (trasparent)	----	40
Ferrania Veramatic	1964	28

Fiumea

Producer - model	Year	€
Fiumea	1950	1.300

Foca

Producer - model	Year	€
Foca	1946	130
Foca PF 2	1946	120

Producer - model	Year	€
Foca PF 2B	1947	110
Foca PF 3	1951	140
Foca PF 3L	1958	200
Foca Standard	1953	120
Foca Universal	1948	180
Focarex Automatic	1960	190
Focarex I	1959	200
Focarex II	1962	350

Folmer & Schwing

Producer - model	Year	€
Folmer & Schwing Kodak Enlarging	----	250

Franka

Producer - model	Year	€
Franka Solida 1	1954	110
Franka Super Frankarette	----	60

Fuji

Producer - model	Year	€
Fuji AX Multi Program	1985	50
Fuji Fujica 35 Auto-M	----	60
Fuji Fujica 35-Se	----	60
Fuji Fujica Ax-3 Black	----	65
Fuji Fujica Half	----	60
Fuji Fujica St701 Chrome	----	105
Fuji STX 2	1984	50
Fujica AX 1	1982	50
Fujica AX 3	1980	60
Fujica AX 5	1980	60
Fujica AX MP	1985	50
Fujica AZ 1	1977	70
Fujica G 617	1984	1.200
Fujica GA 645 i Professional	1998	900
Fujica GA 645 Zi	1998	500
Fujica GS 645	1995	290
Fujica GS 645 S	1984	280
Fujica GS 645 W	1983	350
Fujica GSW 670 III Professional	1999	750

Producer - model	Year	€
Fujica GSW 690	1984	450
Fujica GW 690 II	1986	650
Fujica GW 690 III Professional	1992	850
Fujica GX 617	1994	2.000
Fujica GX 680	1989	300
Fujica GX 680 II Professional	1994	450
Fujica GX 680 III	1999	600
Fujica ST 601	1976	40
Fujica ST 605	1977	50
Fujica ST 605 N	1979	50
Fujica ST 701	1971	50
Fujica ST 705	1977	60
Fujica ST 705 W	1979	50
Fujica ST 801	1973	100
Fujica ST 901	1974	70
Fujica ST 901 A.E.	1974	110
Fujica ST-F	1979	20
Fujica STX-1	1980	40
Fuijca STX-1 Chrome	----	85
Fujica STX1 N	1982	50
Fujica STX-2	1985	40
Fujifilm Quicksnap	----	20

Gabrj

Producer - model	Year	€
Gabrj icaf	1937	200

Gamma

Producer - model	Year	€
Gamma I	1947	1.000
Gamma III	1950	1.400

Gomz

Producer - model	Year	€
Gomz Lubitel 2	----	80

Graflex

Producer - model	Year	€
Graflex 3-1/4 X 4-1/4 Pre-Anniversary	----	250
Graflex Century 35	----	100
Graflex Century 35a	----	85
Graflex Graphic 35	----	70
Graflex Miniature Speed Graphic	----	190

Gundlach

Producer - model	Year	€
Gundlach Korona No. 30	----	140

Haking

Producer - model	Year	€
Haking HG-1	1985	30
Haking HG-2	1985	30
Haking Vision	----	20

Hanimex

Producer - model	Year	€
Hanimex 110	----	20
Hanimex 110 DF	----	28
Hanimex 110 TF	----	20
Hanimex 35 EE	----	40
Hanimex 35 HL	----	25
Hanimex 35R	1976	30
Hanimex 35RS	----	25
Hanimex anfibia	----	28
Hanimex C550	----	25

Producer - model	Year	€
Hanimex compact A	----	28
Hanimex Flash Reflex	1980	30
Hanimex IC 200	----	20
Hanimex IC 3000	----	20
Hanimex Praktica Nova 1b	----	75
Hanimex Praktica super TL	1969	90
Hanimex Snapshot Brite	----	28
Hanimex Snapshot metal	----	28
Hanimex Tele 110	----	20
Hanimex VC 3200	----	28

Hasselblad

Producer - model	Year	€
Hasselblad 1000 F	1952	250
Hasselblad 1600 F	1948	450
Hasselblad 2000 FC	1977	1.900
Hasselblad 2000 FC/M	1981	200
Hasselblad 2000 FC/M gold	1985	1.200
Hasselblad 2003 FCW	1988	380
Hasselblad 201 F	1995	400
Hasselblad 202 FA	1998	900
Hasselblad 203 FE	1996	1.300

Producer - model	Year	€
Hasselblad 205 FCC	1997	4.000
Hasselblad 205 TCC	1991	900
Hasselblad 500 C	1957	500
Hasselblad 500 C/M	1970	300
Hasselblad 500 Classic	1989	1.200
Hasselblad 500 EL	1965	200
Hasselblad 500 EL/M	1970	250
Hasselblad 500 ELX	1984	250
Hasselblad 501 C	1995	380
Hasselblad 501 C/M	1997	800
Hasselblad 503 CW	1996	450
Hasselblad 503 CX	1988	300
Hasselblad 553 ELX	1988	290
Hasselblad 555 ELD	1998	750
Hasselblad 903 SWC	1988	2.200
Hasselblad 905 SWC	2000	2.500
Hasselblad H1	2002	1.800
Hasselblad SWA	1954	1.300
Hasselblad SWC	1959	1.700
Hasselblad SWC/M	1979	2.000
Hasselblad Xpan	1998	1.000
Hasselblad Xpan II	2003	1.300

Herold

Producer - model	Year	€
Herold Acro-flash	----	32
Herold Photo Master	----	28
Herold Sparta fold	----	70
Herold Spartus 120	1953*	40
Herold Spartus 35	----	70
Herold Spartus 35 F	----	35

Honeywell

Producer - model	Year	€
Honeywell Electric Eye 35	----	80
Honeywell Electric Eye 35r	----	29
Honeywell Pentax ES II	----	70
Honeywell Pentax H1 a SLR	----	65
Honeywell Pentax H3 SLR	----	40
Honeywell Pentax HV3	----	30
Honeywell Pentax Sp 1000	----	70

Horizon

Producer - model	Year	€
Horizon	1967	180

Producer - model	Year	€
Horizon HZ 35	----	20
Horizon Kompakt	----	100
Horizon 202	1995	220

Houghton

Producer - model	Year	€
Houghton-Butcher	1923	70
Houghton Butcher Ensign E29	1930*	60
Houghton Butcher Ensign Junior Model B Box	----	70
Houghton Ensign Popular Reflex	----	100
Houghton Ensign Special Reflex	----	128
Houghton Ensignette 2	----	90

Ica

Producer - model	Year	€
Ica Jearette 503	----	140
Ica Icarette	----	45
Icarex 35 BM	1969	130
Icarex 35 S BM	1969	150

Producer - model	Year	€
Icarex 35 S TM	1969	240
Icarex 35 TM	1969	130

Ihagee

Producer - model	Year	€
Ihagee Parvola	----	150
Ihagee Pionier	----	70

Ilford

Producer - model	Year	€
Ilford Limited Advocate	----	50
Ilford SM	----	40
Ilford Sporti	----	22
Ilford Sportina Rapid	----	20
Ilford Sportsman	----	22
Ilford Witness	1951	3.000

Iloca

Producer - model	Year	€
Iloca I a	----	65
Iloca II	----	80

Producer - model	Year	€
Iloca II a	----	40
Iso Bilux	1950	1.700
Iloca Quick	----	50
Iloca Rapid A1	----	40
Iloca Rapid II	----	28

Iso

Producer - model	Year	€
Iso Reporter	1953	1.300
Iso Standard	1953	1.300

Janua

Producer - model	Year	€
Janua	1948	2.500
Janua San Giorgio Essegi	----	2.200

Kalimar

Producer - model	Year	€
Kalimar 3d	----	55
Kalimar Autowind	----	20
Kalimar AW Auto Weather	----	15

Producer - model	Year	€
Kalimar C-64	----	55
Kalimar DK-3	----	28
Kalimar FF-10	----	20
Kalimar K-90	----	30
Kalimar LX:11	----	28
Kalimar SR 200	----	40

Kershaw

Producer - model	Year	€
Kershaw 110	----	40

Kiev

Producer - model	Year	€
Kiev	1948	1.500
Kiev 15 TEE	1974	110
Kiev 19	1990	100
Kiev 5	1967	80
Kiev 6 C	1962	110
Kiev 60	1984	110
Kiev 80	1975	120
Kiev 88	1980	140

Producer - model	Year	€
Kiev 88 TTL	1980	190
Kiev Automat 10	1965	130
Kiev II, Iia	1948	70
Kiev III	1952	50
Kiev III, IV	1955	50

Kochmann

Producer - model	Year	€
Kochmann Reflex Korelle	----	250
Kochmann Reflex-Korelle Ia	----	150

Kodak

Producer - model	Year	€
Kodak 110 Pocket Instamatic 200	----	28
Kodak 126 Instamatic 104 (Germany)	----	20
Kodak 126 Instamatic 55 X	----	20
Kodak 1-A Autographic Special	----	80
Kodak 4x5 Master View Camera	----	140

Producer - model	Year	€
Kodak Analyst Technical Instant	----	40
Kodak Automatic 35	----	28
Kodak Automatic 35f	----	40
Kodak Baby Brownie Special	----	25
Kodak Bantam	----	45
Kodak Box Brownie 44	----	40
Kodak Box Brownie Hawkeye	----	60
Kodak Box Brownie Model 1	----	80
Kodak Box Brownie Portrait N. 2	----	50
Kodak Box Brownie Six 16	----	28
Kodak Box Brownie Six 20 Junior	----	50
Kodak Box Brownie Six 20 Model E	----	50
Kodak Box Brownie Six 20 Model F	----	80
Kodak Box Brownie Target Six 16	----	40
Kodak Box Brownie Target Six 20	----	40

Producer - model	Year	€
Kodak Box Hawkeie Model C N.2 (Canada)	----	80
Kodak Box Hawkeie Model C N. 2 (Usa)	----	80
Kodak Brownie Starmait	----	45
Kodak Colorsnap 35	----	45
Kodak Easishare	----	50
Kodak Ektagraphic Ef		60
Kodak Ektralite 10		40
Kodak Filmplate Premo Special 3-A	----	45
Kodak Flash Bantam	----	45
Kodak Funsaver 35	----	22
Kodak Funsaver Pocket Daylight	----	22
Kodak Hawkeye Instamatic R4	----	28
Kodak Hawk-Eye 2a Model B	1926	70
Kodak Instamatic 100	----	28
Kodak Instamatic 104	----	24
Kodak Instamatic 124	----	34
Kodak Instamatic 133	----	28
Kodak Instamatic 134	----	28

Producer - model	Year	€
Kodak Instamatic 150	----	24
Kodak Instamatic 25	----	22
Kodak Instamatic 300	----	22
Kodak Instamatic 304	----	24
Kodak Instamatic 314	----	20
Kodak Instamatic 404	----	22
Kodak Instamatic 414	----	28
Kodak Instamatic 500	----	40
Kodak Instamatic 700	----	40
Kodak Instamatic 77x	----	28
Kodak Instamatic 800	----	40
Kodak Instamatic Camera 66x	----	28
Kodak Instamatic X15	----	10
Kodak Jiffy Six-16	----	25
Kodak Junior 620	----	100
Kodak Motormatic 35	----	58
Kodak Motormatic 35f	----	58
Kodak N. 1 Pocket	----	20
Kodak N. 1 Pocket Kodak Junior	----	85
Kodak N. 1a Folding Pocket Kodak	----	50

Producer - model	Year	€
Kodak N. 1a Special Model Aa	----	90
Kodak N. 2 Folding Pocket Brownie Model B	----	95
Kodak N. 3 Folding Brownie, Model A	----	140
Kodak N. 4 Folding Pocket Model B	----	325
Kodak Pocket N. 1	----	28
Kodak Pony II	----	32
Kodak Pony 135 Model B	----	45
Kodak Proemette	----	100
Kodak 35 Rangefinder	----	65
Kodak Recomar Model 33	----	40
Kodak Retina Automatic III	----	28
Kodak Retina I Type 010	----	70
Kodak Retina I a	----	29
Kodak Retina I b	----	80
Kodak Retina II Type 142	----	90
Kodak Retina II c Type 020	----	70
Kodak Retina II f	----	70
Kodak Retinette 1b	----	100
Kodak Retinette I a	----	40

Producer - model	Year	€
Kodak Retinette Type 012	----	200
Kodak Retinette Type 017	----	72
Kodak Signet 40	----	60
Kodak Signet 50	----	45
Kodak Six-16	----	25
Kodak Stretch 35	----	28
Kodak Tourist	----	28
Kodak Vest Pocket	----	140
Kodak Weekend 35	----	28
Kodak Z 740	----	120

Konica

Producer - model	Year	€
Konica Auto-Reflex	1965	120
Konica Autoreflex A	1969	60
Konica Autoreflex T	1968	50
Konica Autoreflex T	1968	120
Konica Autoreflex T3	1973	140
Konica Autoreflex T4	1978	60
Konica Autoreflex TC	1976	80
Konica Autorex P	1969	90
Konica F	1960	900

Producer - model	Year	€
Konica FC1	1980	50
Konica FP1	1980	40
Konica FS	1960	30
Konica FS1	1979	60
Konica FT1	1983	70
Konica Hexar	1993	550
Konica Hexar silver	1997	200
Konica Hexar classic	1993	350
Konica Hexar gold	1993	900
Konica Rapid Omega	----	550
Konica TCX	1984	50

Kowa

Producer - model	Year	€
Kowa E	1962	30
Kowa H	1963	30
Kowa SE	1963	70
Kowa SER	1969	30
Kowa SET	1967	30
Kowa SETR	1970	30
Kowa Six	1968	200
Kowa Six MM	1972	260

Producer - model	Year	€
Kowa Super 66	1974	290
Kowa UW190	1972	400
Kowaflex	1960	130

Krasnagorsk

Producer - model	Year	€
Krasnagorsk Horizont	----	145

Kristall

Producer - model	Year	€
Kristall 53	1953	2.400
Kristall II	1950	1.400
Kristall II S	1951	400
Kristall III S	1952	1.300
Kristall R	1954	900

Kwanon

Producer - model	Year	€
Kwanon	1933	40.000

Lamperti&Garbagnati

Producer - model	Year	€
Lamperti & Garbagnati	1925	2.950

Leica

Producer - model	Year	€
Leica II (D)	1932	300
Leica 0, null series	1923	300.000
Leica 0, replica	2000	1.400
Leica 250 FF	1934	3.000
Leica 250 GG	1935	4.000
Leica 72 Midland	1950	10.000
Leica 72 Wetzlar	1950	15.000
Leica CL	1973	400
Leica CL 50 Jahre	1975	900
Leica Compur (B) Ring	1929	1.600
Leica Compur Dial	1926	4.000
Leica I (C)	1930	900
Leica I (C)	1931	500
Leica I (A) Anastigmat	1925	35.000
Leica I (A) Elmar	1926	700

Producer - model	Year	€
Leica I (A) Elmax	1925	9.000
Leica I (A) Hektor	1930	2.800
Leica I Luxus	1929	20.000
Leica I Luxus	1931	35.000
Leica I Luxus replica	vari	1.000
Leica I c	1949	380
Leica I f	1952	500
Leica I g	1957	2.500
Leica Ig Post	1957	900
Leica II (D) black	1932	450
Leica II New York	1947	850
Leica II c	1948	390
Leica II f	1951	500
Leica II f	1952	350
Leica III	1939	1.400
Leica III (F)	1933	400
Leica III, balck	1933	800
Leica III a (G)	1935	400
Leica III a (G), black	1935	800
Leica III a, Montè en Sarre	1950	1.500
Leica III b	1938	1.100

Producer - model	Year	€
Leica III c	1940	650
Leica III c K, chrome	1942	1.800
Leica III c K, gray	1942	1.250
Leica III c, chrome	1940	1.000
Leica III c, gray	1940	2.500
Leica III d	1940	6.000
Leica III f	1950	350
Leica III f	1952	500
Leica III f	1954	600
Leica III f Canada	1950	2.800
Leica III f Midland	1953	9.000
Leica III f, black	1956	13.000
Leica III g	1957	650
Leica III g Gold	1957	4.000
Leica III g, Canada	1957	950
Leica III g, black	1960	5.000
Leica KE-7A	1980	4.500
Leica KS-15	1968	2.000
Leica Leicaflex, chrome	1964	250
Leica Leicaflex, black	1964	600
Leica M1	1959	750

Producer - model	Year	€
Leica M1	1960	2.600
Leica M2 gray	1960	15.000
Leica M2 I type	1957	450
Leica M2 I type, black	1958	2.100
Leica M2, II type	1957	800
Leica M2 II type, black	1958	2.100
Leica M2 III type	1958	900
Leica M2-M	1966	2.500
Leica M3 I type	1954	1.450
Leica M3 I type, Canada	1954	2.000
Leica M3 II type	1954	450
Leica M3 II type, Canada	1954	1.200
Leica M3 III type	1957	2.500
Leica M3 III type, Canada	1957	1.500
Leica M3 III type, gold	1957	40.000
Leica M3 III type, black	1957	6.000
Leica M3 black	1959	3.000
Leica M3 null series	1952	50.000
Leica M4	1967	850
Leica M4	1970	20.000
Leica M4 50 Jahre	1975	2.200
Leica M4 Mot	1967	4.000

Producer - model	Year	€
Leica M4 lacquered	1967	4.000
Leica M4 black	1967	1.700
Leica M4-2	1977	2.400
Leica M4-2 gold	1979	2.500
Leica M4-2 black	1977	650
Leica M4-P	1980	1.200
Leica M4-P	1983	750
Leica M4-P black	1980	900
Leica M5	1971	900
Leica M5 50 Jahre	1975	2.000
Leica M5 50 Jahre black	1975	1.200
Leica M5 black	1971	800
Leica M6	1984	1.500
Leica M6 black	1998	1.600
Leica M6 150 Jahre Optik	1999	4.500
Leica M6 A. Bruckner	1996	4.000
Leica M6 Colombo	1992	4.000
Leica M6 Ein Stuck	1996	2.100
Leica M6 J Jubilee	1994	4.000
Leica M6 Platinum	1989	5.000
Leica M6 Titanium	1992	1.000
Leica M6 Traveler Set	1994	1.700

Producer - model	Year	€
Leica M6 TTL	2000	1.500
Leica M6 TTL lacquered	2000	3.500
Leica M6 TTL	1998	1.200
Leica M6 TTL Millenium	2000	3.000
Leica M6 TTL titanium	2001	1.300
Leica M6 William Klein	2001	ND
Leica M7 Hermès	2009	9.500
Leica M7, series	2002	1.400
Leica M8 White edition	2009	5.500
Leica M8.2 safari	2009	7.500
Leica M9 Titanium	2010	21.000
Leica M9-P Hermès	2012	20.000
Leica M9-P Hermès	2012	40.000
Leica MD	1964	450
Leica MD-2	1980	400
Leica MD a	1966	450
Leica Md a Mot	1970	3.000
Leica MP	1956	12.000
Leica MP	2003	2.200
Leica MP Hermès	2003	9.000
Leica MP, black	1956	14.000
Leica MP2	1959	30.000

Producer - model	Year	€
Leica MP3 LHSA	2005	5.000
Leica R 3	1976	250
Leica R 3 "Germany"	1976	900
Leica R 3 mot	1978	200
Leica R 3 Safari	1976	500
Leica R 4	1980	250
Leica R 4 mot	1980	200
Leica R 4 S	1983	250
Leica R 4 S II	1986	350
Leica R 5	1987	350
Leica R 6	1988	600
Leica R 6.2	1993	700
Leica R 7	1992	400
Leica R 8	1996	650
Leica R 9	1900	850
Leica RE	1990	250
Leica SL	1968	300
Leica SL 2	1974	600
Leica SL 2 mot	1975	1.000
Leica SL mot	1978	500
Leica Standard (E)	1932	600
Leica Standard (E), black	1932	600

Producer - model	Year	€
Leica Standard New York	1948	1.900
Leica Ur Replica	1975	350

Leidolf

Producer - model	Year	€
Leidolf Leidox	----	100
Leidolf Lordomat	----	90
Leidolf Lordomatic II	----	40
Leidolf Lordox	----	40

Leotax

Producer - model	Year	€
Leotax K	----	100
Leotax F	----	200
Leotax G	1954	700
Leotax S	1952	200
Leotax Special A	1942	900
Leotax Special B	1942	600
Leotax Special D II	1947	400
Leotax Special D III	1947	400
Leotax T, K, TV	1954	600

Linhof

Producer - model	Year	€
Linhof 6x9 press	----	1.000
Linhof Kardan Color Monorail	----	4.000
Linhof Technika 4x5	----	1.000
Linhof Technika 70	----	400
Linhof Technikardan 45S 4x5	----	2.000
Linhof Technorama 612 PC II	1994	2.000
Linhof Technorama 617 S III	1996	2.600

Lomo (anche Smena)

Producer - model	Year	€
Lomo Smena 1	----	35
Lomo Smena 2	----	35
Lomo Smena 3	----	29
Lomo Smena 4	----	45
Lomo Smena 5	----	75
Lomo Smena 6	----	45
Lomo Smena 7	----	29
Lomo Smena 8M	----	25
Lomo Smena 35	----	25

Producer - model	Year	€
Lomo Smena M	----	70
Lomo Smena Rapid	----	29
Lomo Smena SL	----	45
Lomo Smena Stereo	----	85
Lomo Smena Symbol	----	35

Mamyia

Producer - model	Year	€
Mamiya	1967	30
Mamiya	1975	60
Mamiya 1000/1000TL	1966	50
Mamiya 6	1986	560
Mamiya 6 MF	1993	900
Mamiya 7 II	1999	900
Mamiya C22	----	220
Mamiya C220 f	1968	200
Mamiya C3	----	150
Mamiya C330 S	1969	250
Mamiya M645	1976	110
Mamiya M645 1000S	1977	250
Mamiya M645 AF	1999	1.600
Mamiya M645 E	1999	1.100

Producer - model	Year	€
Mamiya M645 Junior	1980	200
Mamiya M645 Pro	1992	650
Mamiya M645 Pro TL	2000	800
Mamiya M645 Super	1986	370
Mamiya NC 1000	1977	80
Mamiya NC 1000S	1978	110
Mamiya Press Universal	1976	450
Mamiya RB 67	1970	350
Mamiya RB 67 Pro SD	1990	850
Mamiya RZ 67 Pro	1982	280
Mamiya RZ 67 Pro II	1993	500
Mamiya Sekor 1000 DTL	1966	30
Mamiya Sekor 1000 MSX	1976	50
Mamiya Sekor 2000 DTL	1971	60
Mamiya Sekor 500 DTL	1966	30
Mamiya Sekor 500 MSX	1976	40
Mamiya Sekor Auto XTL	1971	80
Mamiya Sekor DSX 1000	1974	30
Mamiya Sekor DTL 1000	1968	30
Mamiya Sekor MSX 1000	1976	40
Mamiya Super 23	1964	300
Mamiya ZE	1980	30

Producer - model	Year	€
Mamiya ZE 2	1980	40
Mamiya ZE X	1981	80
Mamiya ZE2 Quartz	1980	40
Mamiya ZM	1982	60
Mamiya ZM Quartz	1982	50
Mamiyaflex C3	1962	130
Mamiyaflex C33	1965	180

Manhattan

Producer - model	Year	€
Manhattan Optical Long Focus Cycle Wizard	----	320
Manhattan Optical Co. Wizard Cycle A 4x5	----	350

Mansfield

Producer - model	Year	€
Mansfield Eye-Tronic	----	65
Mansfield Skylark	----	82

Meikai

Producer - model	Year	€
Meikai EL X	----	65

Meopta

Producer - model	Year	€
Meopta Flexaret IIA	1947	140
Meopta Flexaret IIIa	----	95
Meopta Flexaret IV	1950	160

Minolta

Producer - model	Year	€
Minolta XE-5	1976	60
Minolta 35 B	1947	450
Minolta 35 II	1953	400
Minolta 35 IIB	1957	250
Minolta 35 Original	1947	1.000
Minolta 5000	1986	90
Minolta 7000	1985	110
Minolta 7000	1985	50
Minolta 9000	1985	130

Producer - model	Year	€
Minolta Autopak 550	----	60
Minolta Dynax 2 xi	1992	100
Minolta Dynax 3 xi	1991	100
Minolta Dynax 300 si	1994	100
Minolta Dynax 3000i	1988	70
Minolta Dynax 300si	1994	50
Minolta Dynax 303 si	1999	100
Minolta Dynax 3L	2003	50
Minolta Dynax 3xi	1991	50
Minolta Dynax 4	2000	50
Minolta Dynax 40	2004	40
Minolta Dynax 404 si	1999	100
Minolta Dynax 5 xi	1992	150
Minolta Dynax 500 si	1994	120
Minolta Dynax 500 si Clas	1997	130
Minolta Dynax 500 si Sup	1995	140
Minolta Dynax 5000i	1989	70
Minolta Dynax 500si	1994	40
Minolta Dynax 500si Super	1995	50
Minolta Dynax 505 si	1998	120
Minolta Dynax 505 si S	1998	120

Producer - model	Year	€
Minolta Dynax 505si	1998	40
Minolta Dynax 505si Super	1998	30
Minolta Dynax 5xi	1992	40
Minolta Dynax 60	2004	40
Minolta Dynax 600 si	1995	100
Minolta Dynax 600 si Classic	1995	110
Minolta Dynax 600si Classic	1995	50
Minolta Dynax 7	1900	250
Minolta Dynax 7	2000	60
Minolta Dynax 7 xi	1991	100
Minolta Dynax 700 si	1993	120
Minolta Dynax 7000i	1988	80
Minolta Dynax 700si	1993	60
Minolta Dynax 7xi	1991	50
Minolta Dynax 800 si	1997	150
Minolta Dynax 8000i	1990	90
Minolta Dynax 9	1999	400
Minolta Dynax 9 xi	1992	250
Minolta Dynax SP xi	1991	70
Minolta Dynax SPxi	1991	20
Minolta Dynax X-300s	1990	40

Producer - model	Year	€
Minolta Dynax X-370s	1994	40
Minolta ER	1963	20
Minolta SR-1	1959	110
Minolta SR-1S	1964	40
Minolta SR-2	1958	400
Minolta SR-3	1960	50
Minolta SR-7	1962	80
Minolta SR-M	1970	650
Minolta SRT 100	1971	70
Minolta SRT 100 B	1976	60
Minolta SRT 100 X	1977	80
Minolta SRT 101	1966	90
Minolta SRT 101 B	1977	80
Minolta SRT 303	1976	100
Minolta SRT-100	1971	50
Minolta SRT-100b	1976	60
Minolta SRT-100X	1977	60
Minolta SRT-101	1966	80
Minolta SRT-101b	1976	60
Minolta SRT-303	1974	60
Minolta SRT-303b	1976	60
Minolta Vectis 100 BF	----	20

Producer - model	Year	€
Minolta Vectis S-1 (Aps)	1996	150
Minolta Vectis S-100 (Aps)	1997	80
Minolta X 300	1984	70
Minolta X 300-S	1990	70
Minolta X 370-S	1994	70
Minolta X 500	1983	110
Minolta X 700	1982	100
Minolta X-300	1984	70
Minolta X-500	1983	100
Minolta XD 5	1979	100
Minolta XD 7	1977	100
Minolta XD-7	1978	120
Minolta XE	1974	70
Minolta XE 1	1975	80
Minolta XE 5	1976	90
Minolta XE 7	1975	110
Minolta XE-1	1976	90
Minolta XE-1 black	1976	140
Minolta XG 1	1979	90
Minolta XG 2	1978	80
Minolta XG 9	1980	80
Minolta XG M	1981	70

Producer - model	Year	€
Minolta XG S	1979	90
Minolta XG-1	1979	40
Minolta XG-2	1978	60
Minolta XG-9	1980	50
Minolta XG-M	1981	40
Minolta XG-S	1979	50
Minolta XM	1973	350
Minolta XM Motor	1976	600

Minox

Producer - model	Year	€
Minox 110 S	----	120
Minox 35 GT	1981	
Minox A Chrome	----	150
Minox A Chrome Wetzlar	----	200
Minox B Chrome	----	100
Minox BL Chrome	----	150
Minox C Chrome	----	100
Minox C Chrome FI (made in Italy)	----	150
Minox C nera	----	280
Minox EC	----	100
Minox LX Platin	----	1.300

Miranda

Producer - model	Year	€
Miranda Auto Sensorex EE	1972	50
Miranda Auto Sensorex EE2	1975	50
Miranda Automex I, II, III	1959	50
Miranda D	1960	50
Miranda DX 3	1975	40
Miranda dx-3	1975	70
Miranda F	1967	240
Miranda Fv	1968	90
Miranda FvT	1968	60
Miranda G	1965	60
Miranda GT	1966	100
Miranda RE II	1975	50
Miranda Sensomat	1969	70
Miranda Sensomat RE	1970	50
Miranda Sensomat RE II	1975	60
Miranda Sensorex	1968	40
Miranda Sensorex	1967	40
Miranda Sensorex II	1972	50
Miranda T	1956	400
Miranda T (Orion camera)	1953	1.500
Miranda TM	1976	80

Montranus

Producer - model	Year
Montanus Montiflex (Delmonta)	140
Montanus Plascaflex 6X6	300
Montanus Rocca	28
Montanus Solingen Ultraflex	700

Neoca

Producer - model	Year	€
Neoca 2S	----	85
Neoca SV	----	580

Nicca

Producer - model	Year	€
Nicca 3 S	1954	340
Nicca 33	1959	280
Nicca 4	1953	390
Nicca 5	1955	640
Nicca 5 L	1957	370
Nicca III L	1958	300
Nicca III, IIIA	1951	480

Producer - model	Year	€
Nicca IIIB	1951	290
Nicca Nippon	1947	3.000
Nicca Nippon Original	1942	1.100
Nicca Nippon Standard	1948	2.600

Nikon

Producer - model	Year	€
Nikon F	1963	600
Nikon F, nera	1963	600
Nikon 28Ti		250
Nikon 35Ti		200
Nikon Calypso Nikkor	1963	320
Nikon Calypso Nikkor II	1968	280
Nikon EL 2	1977	200
Nikon EL2	1977	290
Nikon EM	1979	80
Nikon F	1960	300
Nikon F	1959	700
Nikon F 100	1999	250
Nikon F 301	1985	90
Nikon F 401	1987	90

Producer - model	Year	€
Nikon F 401 S	1989	90
Nikon F 401 X	1991	90
Nikon F 50	1994	60
Nikon F 501	1986	60
Nikon F 60	1998	70
Nikon F 601 AF	1990	80
Nikon F 601 M	1990	60
Nikon F 65	2000	80
Nikon F 70	1994	70
Nikon F 80	2000	100
Nikon F 801	1988	80
Nikon F 801 S	1991	80
Nikon F 90	1992	100
Nikon F 90 S	2001	100
Nikon F 90 X	1994	120
Nikon F High Speed	1974	12.000
Nikon F High Speed Sapporo	1972	12.000
Nikon F KS-80A	1963	3.000
Nikon F black	1959	2.500
Nikon F black	1960	500
Nikon F Photomic	1962	200
Nikon F Photomic	1962	400

Producer - model	Year	€
Nikon F Photomic FTn	1967	300
Nikon F Photomic FTn NASA	1968	2.600
Nikon F Photomic FTn, black	1967	450
Nikon F Photomic T	1965	240
Nikon F Photomic TN	1966	250
Nikon F, motore 250, black	1960	1.000
Nikon F100	1999	230
Nikon F2	1971	290
Nikon F2 (light meter DP1)	1971	220
Nikon F2 (prismatic)	1971	300
Nikon F2 A (light meter DP-11)	1977	300
Nikon F2 AS (light meter DP-12)	1978	400
Nikon F2 H, high speed 1	1978	3.200
Nikon F2 Photomic	1971	210
Nikon F2 Photomic, black	1971	270
Nikon F2 S (light meter DP-2)	1973	250
Nikon F2 SB (light meter DP3)	1976	270
Nikon F2 SB Photomic	1976	400
Nikon F2 T	1979	1.400
Nikon F2 Titan	1976	1.400
Nikon F2, black	1971	400
Nikon F2A 25 Anniversary	1978	800

Producer - model	Year	€
Nikon F2A Photomic	1977	290
Nikon F2AS Photomic	1977	450
Nikon F2H, high speed 2	1979	2.900
Nikon F2S Photomic	1973	330
Nikon F2S Photomic, black	1973	340
Nikon F3	1980	300
Nikon F3 AF	1983	600
Nikon F3 HP	1983	250
Nikon F3 P	1983	450
Nikon F3 T	1982	550
Nikon F301	1985	90
Nikon F3HP	1983	400
Nikon F3P	1983	490
Nikon F3T	1983	500
Nikon F3T Champagne	1983	700
Nikon F4	1988	200
Nikon F4 (light meter MB-20)	1988	240
Nikon F4 E	1991	390
Nikon F4 S (light meter MB-21)	1988	300
Nikon F401	1987	50
Nikon F401s	1989	60
Nikon F401X	1991	110

Producer - model	Year	€
Nikon F4s	1988	290
Nikon F5	1996	550
Nikon F5 50 Anniversary	1998	900
Nikon F-50	1994	100
Nikon F501	1986	90
Nikon F55	2002	110
Nikon F6	2001	800
Nikon F6	2004	1.000
Nikon F60	1998	80
Nikon F601 AF	1990	130
Nikon F601 M	1990	150
Nikon F65	2000	50
Nikon F-70	1994	120
Nikon F75	2003	40
Nikon F80	2000	110
Nikon F801	1988	70
Nikon F801s	1991	100
Nikon F-90	1992	110
Nikon F-90X	1994	120
Nikon FA	1983	200
Nikon FA gold	1984	1.000
Nikon FE	1978	120

Producer - model	Year	€
Nikon FE 10	1997	80
Nikon FE 2	1983	150
Nikon FE2, black	1983	150
Nikon FG	1982	80
Nikon FG 20	1984	60
Nikon FM	1977	120
Nikon FM 2	1983	150
Nikon FM 2 New	1984	200
Nikon FM 2 Titan	1993	500
Nikon FM 3a	2001	400
Nikon FM-10	1997	80
Nikon FM2	1982	190
Nikon FM2, police	1982	2.000
Nikon FM2n	1984	140
Nikon FM2n, black	1984	350
Nikon I	1948	10.000
Nikon M	1949	3.800
Nikon M	1950	1.800
Nikon Nijkkormat EL	1972	120
Nikon Nijkkormat EL, black	1972	130
Nikon Nikkorex 35	1962	70
Nikon Nikkorex Auto 35	1964	100

Producer - model	Year	€
Nikon Nikkorex F	1963	190
Nikon Nikkorex F, black	1963	900
Nikon Nikkorex zoom	1963	170
Nikon Nikkorex Zoom 35	1963	100
Nikon Nikkormat EL	1972	140
Nikon Nikkormat EL-W	1976	170
Nikon Nikkormat FS	1966	160
Nikon Nikkormat FT	1966	120
Nikon Nikkormat FT, black	1966	1.480
Nikon Nikkormat FT2	1975	190
Nikon Nikkormat FT2, black	1975	200
Nikon Nikkormat FT3	1977	150
Nikon Nikkormat FT3, black	1977	130
Nikon Nikkormat FTn	1967	130
Nikon Nikkormat FTn, black	1967	180
Nikon Nikonos III	1975	280
Nikon Nikonos IVa	1980	200
Nikon Nikonos RS (sub)	1992	750
Nikon Nikonos RS AF	1992	1.800
Nikon Nikonos V	1983	350
Nikon Pronea 600i (Aps)	1996	250
Nikon Pronea S (Aps)	1998	40

Nikon S	1951	1800
Nikon S MIOJ	1951	2.000
Nikon S2, chrome	1954	700
Nikon S2, black	1954	10.000
Nikon S2-E, black	1954	50.000
Nikon S3 2000 Millenium	2000	2.000
Nikon S3 M	1960	28.000
Nikon S3, chrome	1958	1.600
Nikon S3, black	1958	2.900
Nikon S3, Olympic	1964	10.000
Nikon S4 chrome	1959	2.000
Nikon SP, chrome	1957	1.900
Nikon SP, black	1957	5.800

Noblex

Producer - model	Year	€
Noblex 135U	1997	500
Noblex 135U	1997	1.100
Noblex PRO 06/150	1993	1.300
Noblex PRO 06/150E	1996	2.100
Noblex PRO 06/150U	1993	1.400
Noblex PRO 06/150UX	1998	2.300
Noblex PRO 175	1997	2.200

Officine Galileo

Producer - model	Year	€
Officine Galileo Condor I	1948	200

Olympus

Producer - model	Year	€
Olympus 35SP	----	130
Olympus 35SP	----	130
Olympus AZ 4	1989	60
Olympus Centurion	1996	30
Olympus FTL	1971	130
Olympus FTL	1971	130
Olympus IS 100	1996	30
Olympus IS 1000	1990	30
Olympus IS 2000	1992	30
Olympus IS 300	1999	30
Olympus IS 3000	1992	60
Olympus IS 500	2002	30
Olympus IS 5000 QD	2002	40
Olympus M1	1972	500
Olympus M1 black	1972	1.000
Olympus OM 1	1972	100

Producer - model	Year	€
Olympus OM 10	1979	50
Olympus OM 10 Quartz	1980	50
Olympus OM 101	1988	40
Olympus OM 1N	1979	140
Olympus OM 2	1975	80
Olympus OM 2 black	1979	100
Olympus OM 2 Spot Program	1984	160
Olympus OM 20	1982	60
Olympus OM 3	1983	300
Olympus OM 3 Ti	1995	500
Olympus OM 30	1982	60
Olympus OM 4	1983	300
Olympus OM 4 Ti	1985	400
Olympus OM 40	1985	70
Olympus OM 707	1986	40
Olympus OM-1	1972	120
Olympus OM-1 MD	1974	90
Olympus OM-1 black	1972	190
Olympus OM-10	1979	70
Olympus OM-10 FC	1982	50
Olympus OM-10 Quartz	1980	50
Olympus OM-101	1988	30

Producer - model	Year	€
Olympus OM-1n	1979	120
Olympus OM-1n, black	1979	170
Olympus OM-2 MD	1975	140
Olympus OM-2 MD black	1975	200
Olympus OM-20	1982	40
Olympus OM-2000	1997	40
Olympus OM-2n	1979	140
Olympus OM-2n, nera	1979	160
Olympus OM-2SP	1984	130
Olympus OM-3, black	1983	350
Olympus OM-30	1982	50
Olympus OM-3Ti	1985	900
Olympus OM-4	1983	200
Olympus OM-40 Program	1985	90
Olympus OM-4Ti	1985	400
Olympus OM-707AF	1986	30
Olympus Pen F	1963	230
Olympus Pen F (18X24 mm)	1963	150
Olympus Pen FT	1966	290
Olympus Pen FT black	1966	390
Olympus Pen FTL (18X24 mm)	1970	170
Olympus Pen FV	1967	220

Producer - model	Year	€
Olympus Pen FV black	1967	600
Olympus XA	----	45
Olympus XA2	----	65

Pentacon

Producer - model	Year	€
Pentacon	1948	190
Pentacon "no name"	1948	500
Pentacon E	1956	100
Pentacon F	1957	60
Pentacon FBM	1957	190
Pentacon FM	1957	140
Pentacon Six TL	1962	150
Pentacon Super	1966	250

Pentax

Producer - model	Year	€
Pentax A 3	1985	100
Pentax K 1000	1977	100
Pentax K 2	1975	160
Pentax K 2 DMD	1976	160

Producer - model	Year	€
Pentax KM	1975	100
Pentax KX	1975	130
Pentax LX	1980	250
Pentax ME	1976	70
Pentax ME Super	1980	70
Pentax ME-F	1981	80
Pentax MG	1982	80
Pentax MV	1980	70
Pentax MV 1	1980	70
Pentax MX	1976	120
Pentax MZ 10	1996	120
Pentax MZ 3	1997	120
Pentax MZ 30	1900	140
Pentax MZ 5	1996	120
Pentax MZ 50	1997	140
Pentax MZ 5-N	1998	120
Pentax MZ 7	1999	140
Pentax MZ M	1997	120
Pentax P 30	1985	60
Pentax P 30 N	1989	60
Pentax P 30 T	1991	60
Pentax P 50	1986	70

Producer - model	Year	€
Pentax Program A	1984	80
Pentax SF 7	1988	90
Pentax SF X	1987	100
Pentax SF X-N	1988	110
Pentax Super A	1983	100
Pentax Z 1	1992	150
Pentax Z 10	1991	100
Pentax Z 1-P	1994	200
Pentax Z 20	1992	100
Pentax Z 50-P	1993	100
Pentax Z 70	1994	100

Petri

Producer - model	Year	€
PETRI 7	----	80
Petri FA-1	1975	50
Petri Flex V	1965	40
Petri FT	1967	50
Petri FT EE	1970	50
Petri FT II	1970	50
Petri FTE	1975	40
Petri MF 101	1976	20

Producer - model	Year	€
Petri MF 4	1979	30
Petri MF-1	1977	50
Petri MF-101	1981	40
Petri MF-103	1981	40
Petri MF-104	1981	40
Petri MF-2	1979	50
Petri MF-3	1980	40
Petri MF-4	1980	40
Petri Penta V2	1960	90
Petri TTL	1974	40
Petri TTL 2	1979	40

Plaubel - Makina

Producer - model	Year	€
Plaubel Makina Mod 1	1920-1933	400
Plaubel Makina 6X7	----	1.500
Plaubel Makina W67	----	1.500
Plaubel Monorail 4X5	----	800
Plaubel Monorail 8X10	----	2.200
Plaubel W69 Proshit	----	1.800
Plaubel Telemeter	----	280

Polaroid

Producer - model	Year	€
Polaroid 2100	----	18
Polaroid 220 land	----	40
Polaroid 635 CL	----	70
Polaroid 645	----	50
Polaroid colorpack 88	1971	25
Polaroid Instant 1000 de luxe	1978	70
Polaroid Modello 20 Land Camera Swinger	1965	70
Polaroid Spirit 600 CL	----	50
Polaroid Ultrapack	----	50
Polarois Land	----	50

Praktica

Producer - model	Year	€
Praktica B 100	1980	50
Praktica B 200	1981	40
Praktica BC 1	1984	40
Praktica BC-A	1986	50
Praktica BMS	1989	40
Praktica BX 20	1989	50

Producer - model	Year	€
Praktica BX 20-S	1990	80
Praktica EE 2	1977	50
Praktica L 2	1976	40
Praktica LB 2	1976	40
Praktica LLC	1969	40
Praktica LTL 3	1976	50
Praktica MTL 3	1979	30
Praktica MTL 50	1985	30
Praktica MTL 5b	1984	40
Praktica PLC 2	1976	30
Praktica PLC 3	1979	40
Praktica Super TL 3	1978	50
Praktica VLC	1975	60
Praktica VLC 2	1976	60
Praktica VLC 3	1978	60
Praktisix	1957	150

Rectaflex

Producer - model	Year	€
Rectaflex 40000 Roma	1956	4.000
Rectaflex Junior	1951	700
Rectaflex Junior	1950	650

Producer - model	Year	€
Rectaflex Liechtenstein	1956	4.000
Rectaflex Rotor	1952	2.500
Rectaflex Standard	1952	2.000
Rectaflex Standard A.1000	1949	800
Rectaflex Standard B 16000	1951	700
Rectaflex Standard B 2000	1949	700
Rectaflex Standard B 3000	1949	700
Rectaflex Standard B 4000	1950	1.200
Regula Reflex 2000 CTL	1970	150

Revueflex

Producer - model	Year	€
Revueflex 1001	1976	30
Revueflex 2002	1976	30
Revueflex 3003	1976	30
Revueflex 4004	1976	30
Revueflex 5000EE	1976	30
Revueflex 5005	1976	30
Revueflex AC1	1978	30

Ricoh

Producer - model	Year	€
Ricoh Auto 66	----	90
Ricoh Auto TLS EE	1976	50
Ricoh GR1	----	
Ricoh GR21	----	
Ricoh KR 10	1980	80
Ricoh KR 10 M	1991	70
Ricoh KR 10 Super	1983	40
Ricoh KR 10-X	1988	30
Ricoh KR 5	1980	30
Ricoh KR 5 Super	1983	30
Ricoh KR 5 Super II	1989	40
Ricoh KR10M	1991	30
Ricoh KR10X	1988	60
Ricoh KR5 Super	1983	30
Ricoh KR5 Super II	1989	40
Ricoh Mirai	1988	30
Ricoh Ricohmatic 44	----	90
Ricoh Singlex	1964	100
Ricoh Singlex TLS	1968	60
Ricoh SLX 500	1975	40

Producer - model	Year	€
Ricoh Super Ricohfle	----	80
Ricoh TLS 401	1970	70
Ricoh TLS EE	1973	50
Ricoh XR 1	1977	40
Ricoh XR 2	1978	40
Ricoh XR 20 SP	1985	50
Ricoh XR 500	1980	40
Ricoh XR 6	1980	30
Ricoh XR 7	1981	50
Ricoh XR M	1983	50
Ricoh XR P	1984	80
Ricoh XR S (solar cells)	1981	100
Ricoh XR Solar	1995	90
Ricoh XR X	1987	80
Ricoh XR X 3-PF	1994	70
Ricoh XR X-3000	1997	70
Ricoh XR2S	1978	70
Ricoh XR7 autofocus	1981	60
Ricoh XRF	1984	90
Ricoh XRS	1982	100
Ricoh XR-S Solar	1995	90

Rollei

Producer - model	Year	€
Rollei SL 2000 F + back	1981	200
Rollei SL 3001 + back	1986	300
Rollei SL 3003 + back	1984	350
Rollei SL 35 (Germany)	1972	130
Rollei SL 35 (Singapore)	1972	70
Rollei SL 35 E	1976	120
Rollei SL 35 M	1976	60
Rollei SL 35 ME	1976	120
Rollei SL 350	1974	200
Rolleicord I	1933	190
Rolleicord I	1934	100
Rolleicord II	1936	100
Rolleicord IId	1936	100
Rolleicord Va	1957	180
Rolleicord Vb	1962	250
Rolleiflex 2,8 GX	1987	1.200
Rolleiflex 2,8F Aurum	1983	1.850
Rolleiflex 2,8F Planar	1960	1.200
Rolleiflex 2,8F Platinum	1984	2.500
Rolleiflex 2,8F Xenotar	1963	750

Producer - model	Year	€
Rolleiflex 3,5F xenotar	1959	500
Rolleiflex 3.5F Planar	1959	700
Rolleiflex 3001	1986	350
Rolleiflex 3003	1985	650
Rolleiflex 4X4 Baby, black	1963	450
Rolleiflex 6001 Professional	1999	2.000
Rolleiflex 6002	1986	600
Rolleiflex 6003 Professional	1996	1.300
Rolleiflex 6006	1984	500
Rolleiflex 6006/2	1987	1.100
Rolleiflex 6008 Integral	1996	1.000
Rolleiflex 6008 Professional	1988	1.750
Rolleiflex wide-angle	1961	2.200
Rolleiflex Magic I	1960	260
Rolleiflex SL 66	1966	450
Rolleiflex SL 66E	1982	1.000
Rolleiflex SL 66E Excl. Pro	1992	2.500
Rolleiflex SL2000 F	1980	300
Rolleiflex SL35 E	1978	160
Rolleiflex SL35 M	1976	70
Rolleiflex SL35 ME	1976	60
Rolleiflex SL35, Germany	1972	100

Producer - model	Year	€
Rolleiflex SL35, Singapore	1972	60
Rolleiflex SL350	1974	100
Rolleiflex SLX	1974	350
Rolleiflex T Tessar	1958	300
Rolleiflex T Xenar	1975	350
Rolleiflex Tele	1959	1.100
Rolleimagic II	1962	220

Seagull

Producer - model	Year	€
Seagull DF 1	1969	30
Seagull DF 300	1985	40
Seagull DF 300 X	1994	40

Sealife

Producer - model	Year	€
Sealife Reefmaster PRO SL560	----	90

Sears

Producer - model	Year	€
Sears 65	----	95

Producer - model	Year	€
Sears Tls Chrome	----	85
Sears Tower 51	----	90
Sears Tower 55 B	----	29
Sears Tower 57-A	----	88
Sears Tower One-Twenty Flash Camera	----	50
Sears Trumpfreflex	----	70

Taisei

Producer - model	Year	€
Taisei Koki Super Westomat 35	----	85
Taisei Koki Welmy Six L	----	45
Taisei Koki Welmy Six Model E	----	45
Taisei Koki Westomat 35	----	80
Taisei Welmy Six Model E	----	55
Taisei Welmy Six W	----	50

Topcon

Producer - model	Year	€
Topcon	1978	60
Topcon RE 2	1965	160

Producer - model	Year	€
Topcon RE 200	1977	50
Topcon RE 300	1978	50
Topcon RE Super	1963	230
Topcon RM 300	1977	50
Topcon Super D	1972	180
Topcon Super DM	1973	250
Topcon Uni	1964	40
Topcon Unirex	1969	40
Topcon Unirex EE	1975	50

Tower

Producer - model	Year	€
Tower 10	----	45
Tower 20 B	----	55
Tower 35 mm	----	29
Tower 37 a	----	50
Tower 39 Automatic	----	28
Tower 57 a	----	100
Tower 55 B	----	55
Tower Folding Pocket 120-620	----	50
Tower Formato 120 metal	1930*	50
Tower Model B	----	45

Producer - model	Year	€
Tower Model Flash Automatic	----	40
Tower Snappy	----	45

Voigtländer

Producer - model	Year	€
Voigtlander Bessa	1937	55
Voigtlander Bessa I	----	95
Voigtländer Bessamatic	1959	280
Voigtländer Bessamatic	1962	70
Voigtländer Bessamatic CS	1967	150
Voigtlander Box	----	50
Voigtlander Brillant	1932	100
Voigtländer Ultramatic	1962	90
Voigtländer Ultramatic CS	1963	130
Voigtländer Vito	1947	70
Voigtländer Vito C	1967	65
Voigtländer Vito II	1949	90
Voigtländer Vitoret DR	1964	70
Voigtländer Vitoret LR	1967	60
Voigtlander VSL 1 (Germ)	1974	60
Voigtlander VSL 1 (Sing)	1975	40
Voigtlander VSL 2	1976	60

Producer - model	Year	€
Voigtlander VSL 3 E	1979	50
Voigtländer VSL1 BM	1975	50

Wirgin

Producer - model	Year	€
Wirgin Edina	----	72
Wirgin Edixa	----	82
Wirgin Edixa Flex	----	95
Wirgin Edixa Ii	----	83
Wirgin Stereo	----	100

Yashica

Producer - model	Year	€
Yashica 106	1996	40
Yashica 107 MP	1988	40
Yashica 108 MP	1989	50
Yashica 109 MP	1995	70
Yashica 124 G	1970	150
Yashica 200 AF	1987	40
Yashica 230 AF	1987	30
Yashica 270 AF	1992	60

Producer - model	Year	€
Yashica 300 AF	1993	70
Yashica D	1958	60
Yashica Dental Eye	1985	400
Yashica Electro 35 G	1966	80
Yashica Electro 35 GS	1970	70
Yashica Electro 35 GSN	1973	70
Yashica Electro 35 GT black	1969	80
Yashica Electro 35 GTN black	1973	80
Yashica FR	1976	30
Yashica FR I	1978	60
Yashica FR-II	1978	40
Yashica FX 1	1975	40
Yashica FX 103	1985	50
Yashica FX 2	1977	30
Yashica FX 3	1980	40
Yashica FX 3 Super	1984	50
Yashica FX 3 Super 2000	1986	60
Yashica FX 70	1984	40
Yashica FX103 P	1985	60
Yashica FX3 2000 Super	1986	70
Yashica FX-D Quartz	1981	50
Yashica Mat 124	1968	130

Producer - model	Year	€
Yashica Pentamatic	1960	110
Yashica Samurai x3	1987	40
Yashica Samurai x4	1988	40
Yashica Samurai Z	1989	90
Yashica Samurai ZL	1989	180
Yashica T3	----	50
Yashica T3 Super	----	50
Yashica T4	----	120
Yashica T4 Safari edition	----	120
Yashica T4 Super	----	120
Yashica T5	----	150
Yashica TL Electro	1975	50
Yashica TL Electro AX	1973	40
Yashica TL Electro X	1970	70
Yashica TL Electro X ITS	1975	50
Yashica TL Super	1967	40
Yashica YE	1959	350
Yashica YF	1959	280

Walz

Producer - model	Year	€
Walz Electric	----	95

Producer - model	Year	€
Walz Envoy 35	----	100
Walz Walzflex	----	70

Zeiss

Producer - model	Year	€
Zeiss Contessa 35	----	160
Zeiss Icarette	----	22
Zeiss Ikoflex Favorit	----	240
Zeiss Ikoflex I	----	120
Zeiss Ikon	2004	450
Zeiss Ikon Contaflex Super	1964	110
Zeiss Ikon Contaflex Super BC	1965	140
Zeiss Ikon Contarex I "Ciclops"	1959	500
Zeiss Ikon Contarex Prof	1966	900
Zeiss Ikon Contarex Special	1960	700
Zeiss Ikon Contarex Super	1967	800
Zeiss Ikon Contarex Super II	1969	850
Zeiss Ikon Icarex 35 BM	1968	70
Zeiss Ikon Icarex 35 TM	1969	70
Zeiss Ikon Icarex 35-S BM	1968	80

Producer - model	Year	€
Zeiss Ikon Icarex 35-S TM	1969	80
Zeiss Ikon SL 706	1971	2.500
Zeiss Ikon SL 706	1972	170
Zeiss Ikonta 35	----	45
Zeiss Ikonta A 521	----	45
Zeiss Miroflex B	----	350

Zenit

Producer - model	Year	€
Zenit	1952	350
Zenit	1953	450
Zenit 11	1983	20
Zenit 12 XP	1984	40
Zenit 122	1990	40
Zenit 19	1979	40
Zenit 212 K	1995	40
Zenit 22	1980	40
Zenit 3	1962	60
Zenit 312 K	2000	40
Zenit Auto	----	86
Zenit B	1968	30

Producer - model	Year	€
Zenit E	1966	40
Zenit EM	1973	50
Zenit Sniper (photo rifle)	1988	150
Zenit T1	1979	40
Zenit TTL	1975	50

Zenza Bronica

Producer - model	Year	€
Zenza Bronica C2	1965	210
Zenza Bronica D	1959	600
Zenza Bronica EC	1972	220
Zenza Bronica EC-TL	1976	350
Zenza Bronica ETR	1976	250
Zenza Bronica ETR-C	1978	320
Zenza Bronica ETR-S	1980	360
Zenza Bronica ETR-Si	1989	160
Zenza Bronica GS-1	1983	400
Zenza Bronica RF645	2000	800
Zenza Bronica S	1961	200
Zenza Bronica S2	1965	260
Zenza Bronica S2 A	1971	400
Zenza Bronica SQ	1981	280

Zenza Bronica SQ-A	1982	160
Zenza Bronica SQ-Ai	1990	400
Zenza Bronica SQ-AM	1982	160
Zenza Bronica SQ-B	1996	500

Zorki

Producer - model	Year	€
Zorki 1	1948	70
Zorki 1 C	----	60
Zorki 10	----	40
Zorki 11	----	50
Zorki 12	----	250
Zorki 2	1954	120
Zorki C	----	45
Zorki 2 C	----	90
Zorki 2 S	----	50
Zorki 3	1951	60
Zorki 3 C	----	80
Zorki 3 M	----	140
Zorki 4 K	1956	120
Zorki 5	----	50
Zorki 6	----	45
Zorki KMZ	----	80